러시아

명화 속의 나의 모습

러시아
명화 속의 나의 모습

명광현 지음

좋은땅

젊은 시절 러시아에서 보냈던 6년여 시간은 내 삶에서 큰 축복을
누린 시간이었습니다. 그곳 대학교 수업 중에 들었던 19세기 후반
에 일어난 이동파 화가들(Передвижники: 모스크바와 상트페
테르부르크 중심의 미술에서 벗어나 러시아의 소외된 모든 도시의
민중들에게도 그림을 감상할 기회를 주어야 한다고 주장하면서 각
지역을 이동하면서 전람회를 열던 화가들)의 그림은 제 인생(人生)
에서의 새로운 문을 열어 주었습니다. 그 일로 저는 화가들의 작품
을 보는 것과 미술관에 가는 것을 즐거워하였고, 이 책에 소개가 된
이동파 화가들의 그림을 보면서 그들의 작품 속에 담겨진 화가의
생각을 읽고 싶어 했습니다.

우리나라에 러시아 화가의 그림을 소개한 책은 전무해 보입니
다. 간혹 서양미술사 속에 러시아 화가의 그림이 소개가 되고 있기
는 하지만 아주 작은 부분에 불과하다고 생각하던 차에, 내 스스로
러시아 화가의 그림을 이해한 대로 적어 보면서 러시아 미술을 접
하려는 분들과 그림에 대한 이해의 폭을 넓히고자 하는 분들에게
소개를 해 보고 싶어 이렇게 책을 쓰게 되었습니다.

그림 속에는 우리 인생의 희로애락이 다 담겨 있습니다. 그림이 저의 마음에 풍요로움과 행복감을 느끼게 해 주었듯이 이 책이 여러분에게도 큰 기쁨이 되기를 간절히 소망해 봅니다.

이 책을 펴내면서 동토(凍土)의 땅 러시아에서 함께 시간을 보낸 사랑하는 나의 가족 영례, 복음, 지혜, 노엘(이들의 희생과 수고의 시간을 이름으로라도 남기고 싶습니다.) 그리고 부족한 나의 목회에 늘 기쁨으로 동참해 주는 상록수명륜교회 믿음의 가족들에게도 감사를 전합니다.

목차

어떻게 살아야 할 것인가

예수 그리스도의 광야 40일의(Last Day in the Desert) 마지막 날 이른 새벽의 모습입니다.

차가운 돌밭 위로 두 손을 꽉 쥐고 앉아 계신 결연한 모습의 예수님이 보입니다. 예수님은 맨발로 날카로운 돌 위를 오랫동안 다니다 보니 상처를 입었습니다. 꽉 쥐고 계신 손과 눈 밑의 다크서클을 보면 지난밤 밤새 고민을 하다가 이제 결단을 내린 것 같습니다.

차가운 돌들 사이에 홀로 앉아 계신 예수님의 모습은 앞으로 홀로 견디고 겪어야 할 고난의 삶을 보여 줍니다. 예수님의 먼 뒤편에는 새 아침의 동이 터 오고 있습니다. 그것은 죄로 어두운 세상 가운데 이제부터 시작될 새 아침이기도 하고, 고난의 십자가의 길 뒤에 있을 영광의 모습이기도 합니다.

크람스코이(Иван Крамской)는 이 그림을 그리고 나서 이렇게 말했습니다.
"누구나 인생에서 30이면 앞으로 어떻게 살아야 할 것인가에 대해 결정을 해야 한다."

크람스코이의 말에 제가 좋아하는 에밀리 디킨슨(Emily Dickin-son)의 시로 답을 해 봅니다.

내가 만약 누군가의
애타는 가슴 하나 달랠 수 있다면
나 헛되이 사는 건 아니리

내가 만약 누군가의 시린 마음
쓰다듬어 줄 수 있다면

괴로움 가득한 마음
달래 줄 수 있다면

기진맥진 지친 작은 울새 한 마리
둥지로 돌아갈 수 있게 도와줄 수 있다면

나 헛되이 산 것 아니리

삶은 어디에나 있다

죄수들을 수송하는 열차가 플랫폼에 잠시 정차하고 있습니다. 무슨 일로 죄수가 되었는지는 모르겠지만 아기를 안은 여인, 농부, 노동자, 군인, 모두 선한 얼굴입니다. 그들은 오랜 열차 여행으로 인해서인지 아니면 이들 앞에 있을 극한(劇寒)의 땅 시베리아에서의 삶에 대한 두려움 때문인지 얼굴에 웃음기가 없습니다. 반대편 창가에는 삶을 체념한 듯이 이들과 떨어져 있는 이도 있습니다.

열차 밖은 새들 외에 아무도 없습니다. 아무것도 모르고 새를 보고 웃는 아기를 위해 자기의 빵 조각을 건네준 이가 있습니다. 아기는 밖에서 자유롭게 날고 있는 새들에게 받아 든 빵 조각을 나누어 주며 웃고 있습니다. 모두가 웃고 있는 아기의 모습을 보고 있습니다.

열차는 곧 다시 출발하겠지요? 이들 모두는 자기들의 미래에 무엇이 기다리고 있는지 아무도 모릅니다. 그러나 이렇게 사랑으로 함께 가는 길이면 견딜 수 있을 것입니다.

야르센코(Николай Ярошенко)는 톨스토이의 단편소설 〈사람은 무엇으로 사는가?〉(Чем люди живы)에서 영감을 얻어 이 그림을 그렸다고 했습니다.

하나님은 천사였던 미하일을 이 땅에 보내면서 세 가지 질문에 답을 찾아오라고 합니다. 사람의 마음속에는 무엇이 있는지? 사람은 자기 미래를 내다보는 지혜가 있는지? 사람은 무엇으로 사는지?

미하일은 가난한 구두 수선공 시몬의 집에 조수로 일하면서 답을 찾게 됩니다. 사람의 마음속에는 하나님의 사랑이 있고, 사람은 자기 미래를 보는 지혜가 없으며, 사람은 서로 사랑하며 산다. 이것이 하나님이 원하신 답이었습니다.

'알 수가 없는 그래서 어둡고 두려운 우리의 미래를, 우리들 마음속에 있는 하나님의 사랑을 가지고, 서로 사랑하면서, 함께 살아가자'고 하는 화가의 마음이 보입니다.

어디로 갈지 선택하는 힘은 내게 있다

　창과 방패 그리고 철퇴와 활로 무장한 백마 위에 앉아 있는 얼굴이 보이지 않는 기사가 있습니다. 그의 강한 어깨는 오랜 여행의 피곤함에 쳐져 있습니다. 앞으로 얼마나 더 걸어야 할까요? 기사는 거대한 들판 한가운데서 커다란 돌을 만났습니다. 그런데 이 돌에는 지친 기사에게 경고라도 하듯이 "길이 없으니 계속 가면 아무도 살아남지 못한다!"라고 쓰여 있습니다.

　기사의 숙여진 머리를 보면 그는 갈림길에서 깊은 생각에 잠긴 듯합니다. 그의 창도, 백마의 머리도 아래를 향하고 있습니다. 기사는 이 지친 삶을 여기서 멈추어야 할 것인지, 계속 가야 할 것인지 선택을 해야만 합니다.

　나무나 풀이 거의 없는 늪지대입니다. 마을이나 집도 보이지 않습니다. 검은 까마귀들만이 기사와 해골들 사이에서 선택을 기다리고 있습니다.

　좁고 어두운 구름이 수평선을 따라 펼쳐져 있습니다. 해가 거의 저물었습니다. 시간이 얼마 없습니다. 이제 기사는 선택을 해야만 합니다. 암울한 생각을 떨치고 용기를 내어 미래를 향해 계속 전진을 할 것인가? 아니면 여기서 여행을 멈출 것인가?

어떤 이는 이러한 경우에 좀 더 앞으로 나아가기로 결정을 하고, 어떤 이는 여기서 그동안의 피곤했던 여행을 멈출 것입니다.

당신이 무엇을 선택하든 아무도 당신의 선택에 뭐라고 말할 수 없습니다. 왜냐하면 그것은 그들의 여행이 아니라 당신의 여행이기 때문입니다. 기사는 어떤 선택을 하게 될까요?

진짜 승리자는 누구인가

그렇게 쉽게 승부는 나의 승리로 끝이 났다. 어려울 것 같았지만 막상 결론을 내고 보니 '그동안 괜히 고민했던 것 같다.' 승리의 트로피가 내 앞에 놓여 있다. 내가 이겼다. 내 치부가 모두 가려질 수는 없겠지만, 내게 감히 도전하는 사람은 앞으로 없을 것이다.

내 결단은 항상 옳았다. 그날에 남편을 버리고 딸과 함께 헤롯왕과 재혼한 것도 옳았고, "나라의 반이라도 줄 수 있다"고 하는 왕의 말에 "무얼 달라고 해야 할지 모르겠어요…." 하고 묻는 딸에게 눈엣가시인 "세례요한의 머리를 달라"고 말하라고 했던 나의 판단도 옳았다. 나는 항상 옳았다. 아니 내가 내린 결론은 항상 옳아야만 했다. 내가 이겼다.

그런데, 그런데 말이다. 분명 내가 이겼는데 내가 패배한 것 같은 이 기분은 왜일까? 새하얀 나의 육감적인 몸매보다, 검은 피부의 이 사내의 모습이 더 아름다워 보이는 이 느낌은 무엇일까? 나의 원수는 분명 죽었고 나는 이렇게 살아 있는데, 이상하게 그가 살아 있고 내가 죽은 것 같은 이 느낌은 도대체 무엇 때문일까?

성경을 배경으로 크람스코이(Иван Крамской)가 그린 그림입니다.

'헤로디아'는 이복 삼촌이며 귀족인 '헤롯 빌립'과 결혼을 합니다. 하지만 남편 헤롯 빌립의 신분과 지위로는 자신의 욕망을 채울 수 없게 되자 남편과 이혼을 하고, 역시 이복 삼촌이지만 유대 땅 갈릴리를 다스리는 '헤롯 안티파스' 왕과 재혼을 하게 됩니다. '세례요한'은 이러한 욕망에 눈이 먼 헤로디아의 계속되는 근친상간으로 인한 타락한 결혼의 잘못을 지적하고 그것을 정죄했습니다. 이로 인해 세례요한을 죽이고 싶을 정도로 미워했던 헤로디아는 결국 눈엣가시를 제거하는 소원을 이루었습니다.

크람스코이는 이 그림에서, 영적인 것보다 육적인 것에 관심을 두고 살아가는 사람들, 나의 욕망에 거침돌이 되는 것들은 아무 거리낌 없이 제거하며 살아가는 사람들, 겉은 화려하게 치장을 하지만 속은 차가운 사람들에게 인간 본성보다 영적인 것이 더 소중하다는 사실을 깨우쳐 주고 있습니다.

모든 것은 지나간다

화창한 봄날, 햇볕이 쏟아지는 한낮, 내리쬐는 햇볕이 너무 부담스러워 그늘을 찾았지만, 조금이라도 그 햇살의 따사로움을 맛보고 있는 노파가 있습니다. 레이스 달린 모자와 화려한 드레스 그리고 모피를 걸치고 있는 것을 보니 그녀는 한때 부유한 여성이었습니다. 그녀의 손에는 방금 벗은 금색 안경이 편안한 자세로 들려 있습니다.

가만히 눈을 감고 있는 그녀는 무슨 생각을 하고 있을까요? 머리 위에 라일락꽃을 보니 아마도 한때 즐거웠던 지난날의 감미로움에 취해 있는 것 같습니다.

그녀의 인생이 늘 그렇게 즐겁기만 했을까요? 수리를 하지 못하고 있는 커다란 저택에 나이 든 두 명의 여성과 강아지 한 마리뿐인 걸 보면 그녀에게도 말 못 할 가슴 아픈 사연이 분명 있었을 것입니다.

그녀의 곁에는 평생토록 그녀를 돕고 있는 늙은 하녀가 보입니다. 하녀는 문턱에 앉아 뜨개질을 하고 있습니다. 매우 바쁘게 두 손을 움직이며 뜨개질을 하고 있는 듯해 보이지만, 무슨 근심이 있는 듯 멍한 표정으로 허공을 바라보고 있습니다.

화가 막시몹(Василий Максимов)은 사회적 계층이 다른 두 여성을 그림 속 여러 부분에서 대조적으로 보여 주고 있습니다.

의자와 문턱,
레이스 달린 모자와 보자기,
금색 찻잔과 커다란 머그 컵,
쉼과 뜨개질,
지팡이가 있고 없고,
발 위에 놓인 방석과 땅바닥….

이러한 계층의 차이 때문에 한때는 비슷한 나이대의 두 여인에게는 보이지 않는 우월감과 질투가 있었을 것입니다. 그러나 흐르는 시간 앞에서 이제 그들은 거의 친구가 되었고, 이젠 함께 늙어가면서 서로를 찾고 응원하며 세월을 보내고 있습니다.

이 그림은 저에게 평안함을 줍니다. 지금 나를 힘들게 하는 문제,

또 앞으로 어떤 문제가 나에게 신경을 쓰이게 할지라도 그림의 제목처럼 '모든 것은 다 지나갈 것'이기 때문입니다. 모든 것은 반드시 다 지나갑니다.

그에게 무엇이 기다리고 있을까요

오랜 기다림 끝에 첫아기가 태어났습니다. 그런데 작업복을 입은 아빠의 얼굴에 수심이 가득 차 있습니다. 아기에 대한 책임감이 무겁게 다가온 것 같습니다. 반면에 아기의 엄마는 부드러운 미소로 아기를 바라보고 있는 것을 보니 어둡고 불안한 생각은 하고 싶지 않은 것 같습니다.

가진 것 없어도 아기에 대한 아빠의 책임감과 엄마의 사랑만 있다면 이 아기의 미래는 밝을 것이라고 확신합니다.

칼릴 지브란의 〈아이들에 대하여〉라는 시에서 한 구절을 소개하며 이 땅의 모든 아빠 엄마를 축복합니다.

그대의 아이는 그대의 아이가 아니다
아이들이란 큰 생명의 아들딸들이니
그들은 그대를 거쳐서 왔을지라도
그대로부터 온 것은 아니다.

그들이 늘 그대와 함께 있다 하더라도

그들은 그대의 소유물이 아니다.

(중략)

그대가 활이라면
아이들은 살아서 날아가는 화살이다.

궁수이신 하나님은
무한의 길 위에 한 표적을 겨누고
그분의 온 힘으로 활인 그대를 휘어지게 하실 때에
기꺼이 그대의 구부러짐을 기뻐하라

그분은 날아가는 화살도
구부러진 활도 똑같이 사랑하신다.

삶의 선택의 순간에서

학창시절 호암 아트홀에서 보았던 영화 〈미션〉에서의 감동은 지금도 잊혀지지 않습니다. 영화 속 가브리엘 신부의 오보에 연주가 FM 라디오에서 종종 흘러나오는 걸 보면 그날의 감동은 저 혼자만이 아니었던 것 같습니다.

과라니족의 땅을 침범하는 포르투갈 군대에 '맞서 싸우자'는 멘도자 신부와 '비폭력'의 가브리엘 신부, 문제를 대하는 두 사람의 모습은 지금도 제게 선택의 순간에서 어느 쪽을 선택해야 하는지를 돌아보게 합니다.

해 질 녘 하늘이 노을로 붉게 물들어 있고 가을 들판은 노랗게 익어 가고 있는 1917년 10월 혁명 전의 어느 날입니다.

"우리 시대의 파스칼", "가장 위대한 것 중 하나"라는 찬사를 듣던 신학자이며 사제인 플로렌스키(Па́вел Флоре́нский)의 집을 방문한 러시아 최고의 지식인으로 평가를 받던 법학자이며 철학자, 그리고 그 역시 사제인 불가콥(Серге́й Булга́ков)이 함께 가을 들판을 산책하고 있습니다. 두 사람은 아무 말도 하지 않고 있지만 각자가 같은 운명 앞에 선택을 해야만 했습니다.

차분히 고개를 숙이고 가슴에 손을 얹고 지팡이를 들고 있는 플로렌스키 신부는 자신에게 다가오는 운명에 순응하는 모습이 보입니다. 반면에 검은 양복과 코트를 다소 무겁게 걸치고 짙은 검은 눈썹으로 어느 한 곳을 바라보고 있는 불가콥의 모습에서는 다소 긴장과 불안해하는 모습이 보입니다. 두 사람 모두 아무런 말없이 걷고 있습니다.

네스테롭(Михаил Нестеров)이 그린 이 작품은 피비린내 나는 1917년 10월 혁명이 일어나기 며칠 전 그려진 그림입니다.

플로렌스키는 그 10월 혁명 후 교회에 대한 박해가 전개되면서 10년 형을 선고를 받은 후 4년 만에 총살되었습니다. 그는 러시아를 떠나 다른 나라로 갈 기회도 있었지만 그림에서 보여 주듯 러시아에 남아 있는 것이 자신의 의무라고 생각하고 자신의 운명에 순응했습니다.

불가콥 역시 10월 혁명을 거부했다는 이유로 1922년 소련 정부로부터 추방을 당해 고국을 떠나 파리에 살면서 저술 활동을 하다가 끝내 고국 땅을 다시 밟지 못하고 이국에서 숨을 거두었습니다.

포르투갈 군대와 맞서 싸우자는 멘도자에게 가브리엘 신부가 "왜냐하면 하나님은 사랑이십니다!"라고 비폭력의 이유를 말했듯, 플로렌스키 신부는 정치범 수용소 중에서 가장 악명이 높고 참혹한 동토(凍土)의 섬 '솔롭키(Соловки)'로 유배를 가는 이들에게 "솔롭키를 두려워 마세요. 거기에 주님이 가까이 계십니다!(Не бойтесь Соловков: там Христос близко!)"라는 위로와 용기의 말을 남기고 숨을 거두었습니다.

진리가 무엇이냐

환한 햇살을 받으며 화려하게 차려입고 두꺼운 목덜미와 넓은 등을 관객에게 보이고 있는 유대 총독 '빌라도'의 모습은 전형적인 자신만만하고 오만한 로마인의 모습입니다.

"진리가 무엇이냐?"라고 고상한 그러나 전혀 관심이 없는 질문을 던지기는 했지만, 한낱 로마의 식민지 백성에게조차 거부당한 초라한 예수의 대답 따위는 관심 없다는 듯 도도하게 손을 앞으로 내밀고 있습니다. 오히려 예수님의 운명을 조롱하듯 눈에 띄지 않을 만큼의 미소가 그의 얼굴에 있습니다.

어두운 그림자 속에 서 계신, 키 작고 마르고 지친 예수 그리스도의 얼굴은 볼품이 없습니다. 흐트러진 머리와 수염, 누더기를 걸친 그리스도의 모습은 궁지에 몰린 모습입니다.

두 인물은 영적인 세계와 세속적인 세계의 대립을 보여 주는 듯, 그리스도는 그늘에 있고, 맞은편 빌라도의 모습에는 해가 비치고 있습니다. 이 두 세계는 결코 양립할 수 없다는 것을 타일의 바닥에 비친 경계로 잘 알 수 있습니다.

한 번뿐인 인생, 어떻게 사는 것이 잘 사는 것일까요? 부와 명예 그리고 지위와 권력과 인기가 삶의 목표였던 유대 총독 빌라도는 총독의 자리도 잠시뿐 로마의 3번째 황제인 '칼리굴라'로부터 "유대 땅에서 일어난 유혈 폭력 사태에 대한 책임을 지고 불명예를 씻어 라."라는 명령을 통보받고 스스로 자결을 함으로 비참한 최후를 맞이했습니다.

반면에 하나님께서 주신 사명을 이루는 것이 삶의 목표였던 예수 그리스도는 '하나님께서 하늘과 땅 위와 땅 아래에 있는 이들 모두가 예수의 이름 앞에 무릎을 꿇게 하시고, 모두가 예수 그리스도는 주님이시라고 고백하게 하셨습니다.' (빌립보서 2:9—11)

지금의 화려함이 다가 아닐 수가 있습니다.

라이벌

눈 덮인 마을에서 물동이를 메고 걷고 있는 두 소녀를 볼 수 있습니다. 그리고 오른쪽 눈 덮인 지붕의 주택 앞에는 모자를 쓴 젊은 남자가 있습니다. 이 젊은 남자는 아코디언을 손에 들고 있는데, 연주도 잘하여 마을 사람들에게 아주 인기가 많은 것 같습니다. 물론 두 소녀의 마음도 설레게 했을 겁니다.

두 소녀가 입고 있는 옷은 이들의 성격을 잘 보여 줍니다. 눈에 확 띄는 흰 치마 위의 빨간 앞치마와 흰 눈과 가장 잘 어울리는 파란색 스카프, 그리고 짧은 모피 코트를 입은 소녀는 아주 활동적이고 대담하며 자신감이 넘치는 모습입니다. 그리고 이 소녀는 벌써 반걸음 앞서 걷고 있습니다. 그리고 자신의 곁에 있는 소녀가 젊은 남자를 쳐다보지 못하도록 자신의 몸으로 가리고 '이젠 포기하라'고 말하고 있는 듯해 보입니다.

이에 대해서 상대적으로 다소 눈에 띄지 않는 옷을 입고 젊은 남자의 시선에서 가려져 있는 또 다른 소녀는 땅바닥만 바라보며 입을 다물고 걷고 있습니다. 이 소녀는 자기의 가슴을 설레게 하는 이 젊은 남자를 포기해야 할까요?

화가 크사트킨(Николай Касаткин)의 〈라이벌〉이라는 작품입니다. 반걸음 앞서 있는 소녀가 젊은 남자의 마음을 가져오는 경쟁에서 우위를 보이는 것 같아 보입니다. 그렇다고 해서 경쟁은 끝난 것이 아닙니다. 왜냐하면 젊은 남자의 선택에 의해 상황은 얼마든지 뒤집어질 수 있기 때문입니다.

　영어의 라이벌(Rival)이란 말은 강을 의미하는 리버(River)에서 나왔습니다. 강을 두고 살아가는 사람이다 보니 홍수가 날 때는 서로 힘을 모아 홍수를 막기 위해 둑을 쌓아야 하고, 가뭄이 왔을 때는 서로 자신의 밭에 물을 끌어오기 위해 경쟁도 해야 하는 면을 가지고 있어서 유래되었다고 합니다.

　그러나 라이벌은 적대적 원수 관계인 에너미(Enemy)와는 의미가 다르고, 상대방과 협력하는 경우도 있고, 경쟁하는 경우도 있기에 라이벌은 함께 발전할 수 있는 공존의 관계라고 합니다. 이 두 소녀는 그림의 제목처럼 분명히 서로 경쟁하면서 외적으로나 내적으로 보다 더 성숙해질 것입니다.

아무도 기다리지 않았다

집을 오랫동안 떠나 있던 남편의 귀환에 평화로운 일상을 보내고 있던 한 가족이 순간 행동을 멈췄습니다. 이 남편은 정치적 이유로 오랫동안 집을 떠나 있어야만 했고 남편의 부재로 인해 이 가족은 일상이 매우 힘들었습니다.

시간이 약이라고 했나요? 이젠 새로운 삶에 어느덧 적응이 되어 다소 평화로운 일상이 남편이 없는 가운데서도 계속되어 왔습니다.

그러던 어느 날 아주 갑작스럽게 남편이 집으로 돌아왔습니다. 갑작스런 남편의 방문에 아들을 생전에 다시는 못 볼 줄 알았던 어머니는 의자에서 일어나 구부정한 모습으로 힘이 없는 손을 뻗습니다. 아버지의 얼굴을 모르는 딸은 긴장하며 이 낯선 방문자를 조심스럽게 쳐다봅니다. 교복을 입은 아들은 아버지를 알아보고 기뻐하고 있습니다. 피아노 앞에 앉아 있는 아내는 예상치 못한 이 상황이 혼란스러워 몸이 얼어붙어 있습니다. 아무도 이런 만남을 예상하지 못했습니다.

이젠 새로운 환경에 다시금 적응을 해야겠지요. 그동안의 익숙함에 대한 불편함도 있을 겁니다. 많은 노력의 시간이 필요할 겁니다. 문 앞의 하녀는 앞으로 무슨 일이 일어날까 궁금해 하고 있지만, 열려진 발코니 문으로부터 이 가정에 밝은 햇살이 쏟아지고 있습니다.

긴장 속에서도 여유를

 난폭하고 거친 한 무리의 사내들이 무엇이 그렇게 재미가 있는지 모두들 한바탕 웃고 있습니다.

 가만히 보면 웃는 모습도 여러 가지입니다. 우렁차게 웃는 모습, 옅은 미소, 가소롭다는 비웃음, 모두들 킥킥거리고 낄낄거리며 웃고 있습니다.

 아마 가운데 있는 이가 편지를 받아 적는데, 파이프를 물고 있는 사내가 불러 주는 한마디 한마디가 얼마나 웃긴지 뒤로 넘어가지를 않나, 옆구리를 움켜쥐고 웃지를 않나, 너무 웃겨서 옆 사람의 등을 때리며 웃는 모습도 보입니다. 윗옷을 벗고 있는 사내는 자기도 한마디 거들고 싶어서 '무슨 말을 해서 모두에게 더 큰 웃음을 줄까?' 고민하면서 웃고 있는 모습도 보입니다.

 그런데 자세히 살펴보면 모두가 그렇게 웃고 있는 것만은 아닌 것 같습니다. 불안하고 진지하며 긴장하고 있는 얼굴들도 여기저기서 보입니다. 무슨 이유라도 있는 걸까요?

이 그림은 1672년~1681년에 있었던 러시아와 오스만제국 사이에 일어났던 전쟁을 모티브로 그려진 그림입니다. 광활한 영토를 지배하고 있던 오스만제국의 술탄 '마호메트 4세'는 약소국이었던 러시아를 향해 '조건 없이 즉각 항복하라'고 오만한 편지를 보냈고, 그 편지에 대해서 우리나라의 동학운동의 동학군(東學軍)과 같은, 농민 군사 집단인 카자키(Казаки)들이 온갖 욕설로 술탄 마호메트 4세를 조롱하는 답장을 보낸 사실을 기초로 하여 레핀(Илья Репин)이 그린 작품입니다.

이 그림은 러시아인들에게(실제로는 그림의 제목에 나오는 자포리쥐 사람들—Запорожцы은 우크라이나 영토이니, 우크라이나 국민들에게) 그 어떤 상대도 "두려워하지 말라"고 하는 용기와 자부심을 고취시키고 있으며, 이 그림을 보고 있는 우리에게는 어떤 긴장 속에서도 여유를 잃지 말라고 말하고 있는 듯해 보입니다.

불평등한 결혼

정교회 예배당에서 결혼식이 열리고 있습니다. 멋진 검정 양복을 입은 신랑이 보입니다. 그런데 이게 웬일인가요? 신랑의 나이가 너무 많아 보이지 않나요? 주름진 얼굴과 처진 눈꺼풀, 흰머리에 빗질은 했지만 대머리는 어쩔 수 없습니다. 그래도 한껏 분위기를 살려 보기 위해 검정 양복 위로, 목과 가슴에 훈장이 보입니다. 당시 러시아의 사회상을 볼 때 그는 정부의 고위급 관리나 장군 혹은 돈 많은 상인이었을 것입니다.

반면에 하얀 드레스를 입은 신부는 갈색 머리의 고운 피부를 가지고 있는 청순한 소녀입니다. 그녀의 창백하고 눈물로 얼룩진 얼굴은 그녀가 어제 밤새 울었음을 보여 주고 있습니다. 그녀는 왼손에 촛불을 들고 있지만 그것을 들고 있을 힘도 없습니다.

사제에 의해 반지는 곧 그녀의 부드러운 손가락에 끼워질 것이고 이것은 결혼의 신성한 약속이라기보다는 아직 어린 소녀에게는 무거운 고통이 될 것입니다. 어린 신부는 이미 체념한 듯 자신의 운명에 무관심한 얼굴을 하고 있습니다.

하객들 중 신부 뒤에 있는 젊고 멋진 모습의 남자는, 자신 앞에서 펼쳐지는 인생 드라마에 대해 인상을 찌푸리며 상당히 불쾌한 표정을 지으며 팔짱을 끼고 있습니다. 그가 바로 이 그림을 그린 푸키레프(Василий Пукирев)입니다.

이 그림은 19세기 중반 러시아에서 빈번하게 성행했던 집안의 이익과 물질적 기반에서 이루어진 상업주의적인 결혼을 비난하는 그림입니다.

인생을 행복하고 즐겁게 살기 위해서는 어떤 사람을 만나 결혼을 해야 할까요? 학벌, 경제적인 능력, 키와 외모, 부모님의 직업… . 여러 환경적인 조건들도 물론 중요하지만 "사랑은 두 사람이 마주 쳐다보는 것이 아니라 함께 같은 방향을 바라보는 것이다."라는 생텍쥐페리의 말처럼, 바라보는 방향이 맞는 배우자를 만나 평생 해로(偕老)하길 축복합니다.

가족이 있어 행복합니다

　뜨거운 한여름 아침, 밤사이 잠들었던 자연이 이제 막 깨어나기 시작했습니다. 밝은 햇살은 아직 잠이 덜 깬 어두운 숲을 향해 아침이 왔다고 알립니다.

　지난밤 무더위를 식혀 주는 요란한 폭풍우로 인해 일찍부터 잠이 깨어, 날이 밝기를 기다렸던 장난꾸러기 새끼 곰들이, 밖으로 나와 보니 뿌리가 뽑히고 부러진 마른 소나무가 보였습니다. 새로운 장난감입니다.

　용감하며 장난을 좋아하는 새끼 곰은 재빨리 부러진 나무의 끝까지 올라가 발톱으로 그 가장자리를 잡고는 제법 여유를 보입니다.

　두 번째 새끼 곰은 나무를 기어오르다가 한가운데쯤 오자 갑자기 무서운 생각이 들었는지 엄마 곰을 바라보며 도움을 청합니다.

　세 번째의 호기심 많은 작은 꼬마 곰은 다른 쪽의 나무 위에 올라서서 안개가 자욱한 숲 쪽을 신기한 듯 바라보고 있습니다.

이들 곁의 엄마 곰은 장난꾸러기 새끼 곰들의 모습이 불안한 듯 연신 입을 벌려 으르렁거리며 새끼 곰들에게 조심하라고 주의를 주고 있습니다. 하지만 이 장난꾸러기들은 엄마 곰의 주의를 주는 소리가 들리지 않는 듯 즐겁게 놀고 있습니다.

쉬시킨(Иван Шишкин)은 어릴 적 별명이 '곰'이었습니다. 그는 젊은 시절에 아내와 두 자녀를 먼저 하늘나라로 떠나보낸 아픔이 있습니다. 그래서 자신을 뿌리가 뽑혀 부러진 나무로 묘사하며, 떠나간 아내와 아이들이 하늘나라에서 자신과 함께했던 시간을 기억해 주기를 바라는 마음에서 이 그림을 그렸습니다.

만약에 아주 만약에 당신이 먼저 세상을 떠난다면 사랑하는 가족들은 당신을 어떻게 기억할까요?

나는 어느 곳에 있을 때 행복할까

매미 소리가 요란하게 들리는 무더운 한낮, 햇살이 쏟아지는 숲 속에서 수염을 기른 백발의 노인이 개울로 향하고 있습니다. 노인은 누구의 시선을 의식할 필요가 없는 듯 아주 편안한 복장입니다. 노인은 숲속에서 꿀을 채취하며 살아가고 있습니다. 그는 자연 그대로의 자연 속에 살면서 꿀벌을 돌보며 꿀벌이 주는 선물을 고맙게 받아들입니다.

개울물이 졸졸 흐르는 소리, 나뭇잎들의 속삭임, 한순간도 쉬지 않는 새들의 조잘거림, 벌들의 윙윙거리는 소리들과 노인은 대화를 나누면서 매일을 살아가고 있습니다. 모자람이나 부족함이 없는 평안을 느끼게 합니다.

〈나는 자연인이다〉의 개그맨 이승윤 씨, 그가 프로그램을 진행하면서 유심히 관찰한 결과, 모든 자연인마다 행복을 느끼는 장소가 다르다는 것을 발견했다고 합니다. 어떤 분은 산 정상, 어떤 분은 계곡의 물가, 어떤 분은 자기가 사는 작은 움막에 있을 때 편안함을 느낀다고…, 모두가 다 다르다고…. 그러면서 그가 하는 말, "내가 가면 마음이 편안해지는 공간, 그곳이 바로 자연"이라고!

우리는 누구나 저마다 마음이 편안해지는 자연이 있습니다. 누군가에게는 〈즐거운 나의 집〉 동요의 가사처럼 가정일 수도 있고, 누군가에게는 사람들 속에 자신이 보이지 않는 도심 한복판일 수도 있고, 또 누군가에게는 아무에게도 방해받지 않는 승용차 안이 마음이 편안해지는 자연일 수 있습니다. 당신에게 자연은 어디입니까?

Hear Listen

사냥에 성공한 세 명의 사냥꾼이 잠시 쉬고 있습니다.

늙은 사냥꾼이 팔을 흔들고 눈을 크게 뜨고 눈썹을 치켜올리며 열정적으로 자신의 무용담을 말하기 시작했습니다. 이렇게 열정적으로 온몸을 흔들고 이야기하는 것을 보니 그는 자신의 이야기를 앞에 있는 두 명의 사냥꾼이 믿어 주기를 바라는 것 같습니다.

맞은편의 젊은 사냥꾼은 늙은 사냥꾼의 이야기에 주먹을 꽉 움켜쥔 채 흥미진진하게 듣고 있습니다. 이 젊은 사냥꾼은 이야기 속에 흠뻑 빠져 손가락에 든 담배에 불을 붙이는 것조차 잊어버렸습니다.

중앙에 있는 중년의 사냥꾼은 말도 안 된다는 표정으로 머리를 긁적이며 믿기지 않는 미소로 늙은 사냥꾼의 이야기를 듣고 있습니다.

듣는다는 말의 영어 표현은 Hear과 Listen이 있습니다. Hear은 들려오는 소리를 듣는 것이고, Listen은 귀를 기울여 듣는 것입니다. 이 그림에서는 젊은 사냥꾼은 Listen이고, 중년의 사냥꾼은 Hear인 것이지요.

사람들은 상대방이 말을 잘하는 것 때문에 호감을 갖지 않고 오히려 자신의 말에 귀를 기울여 주는 것에 매력을 느낀다고 합니다. 말주변이 없는 것을 한탄하기보다는 상대방의 말에 귀를 기울여 주는 매력적인 사람이 되고 싶습니다.

아들의 무덤 앞에 있는 노부모

세월의 흔적이 고스란히 배어 있는 노부부가 한적한 시골의 작은 묘지에 서 있습니다. 그들의 얼굴은 보이지 않지만 그들의 마음을 짐작하는 것은 어렵지 않습니다.

무덤 위의 잔디와 나무를 보면, 이들 부부의 아들은 불과 두서너 해 전에 묻혔습니다. 이들 부부에게 큰 기쁨이었던 아들이 어느 날 갑자기 그들 곁에서 떠났습니다. 그날부터 이들 부부의 기쁨과 미래는 무너지고 말았습니다. 그리고 가슴에 커다란 돌덩이를 얹고 살았습니다.

초라한 검은 코트를 입고 서 있는 아버지는 아들과 함께하지 못했던 많은 시간들의 미안함 때문인지 모자를 벗고 머리를 숙인 채 흐느끼고 있습니다.

구부정하게 서서 남편에게 기댄 아내의 얼굴은 보이지는 않지만 커다란 슬픔에 잠겨 있음을 짐작할 수가 있습니다. 아들을 잃은 그녀가 기댈 수 있는 어깨가 남편밖에 없습니다. 그녀의 남편은 삶의 무게 앞에 흔들리지 않으려고 하고 있지만 늙은 몸으로 감당하기

쉽지 않은 듯 우산으로 겨우 지탱하고 있습니다.

시간은 어느덧 흘러 커다란 슬픔의 시간을 어쩔 수 없이 받아들였다지만 그렇다고 슬픔이 다 가신 것은 아닙니다.

슬픈, 이들 노부부의 삶에는 관심 없다는 듯, 삶의 시간은 평소와 같이 계속되고 있습니다. 파란 하늘은 흰 구름으로 덮여 있고, 푸른 잔디와 나무는 노랗게 변했습니다.

가을이 저물고 있습니다. 찬바람은 나무에서 마지막 잎사귀를 따다가 풀 위에 떨어뜨립니다. 인생의 황혼기에 있는 이들 부부를 누가 돌봐 줄 사람은 없습니다. 서로에 의지하여 기대고 기댈 뿐….

새 두 마리가 나뭇가지에 앉아 있습니다.

홀로 있는 당신에게

한 어린 소녀가 겁에 잔뜩 질린 채 끌려왔습니다. 이 소녀가 이들에게 무슨 큰 피해를 입혔는지 아니면 무슨 큰 잘못이라도 범했는지 모여든 사람들은 성난 얼굴을 하고 있고, 몇몇은 분을 견디지 못해 막대기를 휘두르고 있으며, 어떤 이는 곧 돌멩이를 집어 던질 기세를 보입니다. 그들의 맨 앞에는 그들의 지도자로 보이는 사람이 겁에 질린 어린 소녀의 잘못을 큰 소리로 따지듯이 말하고 있습니다.

흥분한 그들의 모습과는 달리 반대편의 사람들은 잠시 대화가 중단된 듯해 보이지만 평화로운 모습입니다.

나귀를 타고 어딘가를 향해서 가던 사람은 흥미로운 듯 고개를 돌려 이 현장을 바라보기는 하지만 급한 일이 있는지 바쁘게 가던 길을 계속 가고 있습니다.

성전의 그늘진 곳에는 주변에서 무슨 일이 일어나는지는 관심이 없고 오늘도 먹고살기 위해서 몇몇의 거지가 사람들에게 자비를 구하고 있습니다. 주변에서 일어나는 상황에는 전혀 관심이 없는 종교인의 모습도 보입니다.

성경의 요한복음에 나와 있는 내용을 그린 작품입니다. 플레놉 (Василий Поленов)은 이 작품을 통해서 우리 주변의 사람들의 모습을 보여 줍니다. 선동하는 자와 선동을 당하는 자, 나와 직접적인 연관이 없으면 신경 쓰지 않는 자와 주변에서 벌어지는 일에 무관심한 자, 그리고 내가 먹고사는 문제가 제일 중요하다고 생각하는 자….

이 그림은 작은 세상을 담고 있는 듯합니다. 이러한 세상 속에서 평화를 누리며 그 평화를 전하며 살아가는 공동체에 속하고 싶습니다. 이 글을 읽는 당신에게도 우리 주님의 평화가 임하길 기도합니다.

봄이 온다

러시아의 겨울은 무척 춥고 길답니다.

우울한 회색 수평선,

멀리 그리고 가까이 보이는 황량한 눈 덮인 시골 마을과 벌판,

벌거벗은 나무,

오래된 교회,

연기 나는 굴뚝….

모두가 전형적인 러시아의 겨울 풍경입니다.

하지만 조금 더 자세히 이 작품을 살펴보면 봄이 오고 있음을 알 수 있습니다.

얼어 있던 땅위로 따뜻한 햇살이 비추자 눈이 녹아 물이 고였습니다. 이른 봄의 전령인 까마귀가 다시 돌아와 지난가을 두고 간 집을 다시 손을 보고 있고, 이미 보금자리를 완성한 부지런한 까마귀는 근처 가지에 앉아 삶을 계획하고 있습니다. 수선할 곳이 많아 마음 급한 까마귀는 나무 밑에서 가지를 입에 물고 서두르고 있습니다. 맑은 하늘이 잿빛보다 더 많이 보이는 것도 봄이 왔음을 보여 줍니다.

나날이 더 강렬해질 햇볕은 겨우내 집 안에 온기를 불어넣어 주던 굴뚝의 연기마저 멈추게 할 것이고, 곧 대지는 푸르고 푸른 들판이 되어, 이름 모를 형형색색의 꽃들로 온 들판을 수놓을 것입니다.

　저에게도 봄이 오지 않을 것 같았습니다. 아직 혹독한 겨울의 터널이 다 끝난 것은 아니지만, 지난겨울은 너무 추웠고, 너무 오랫동안이었습니다. 그래도 이제 천천히 아주 천천히 봄이 오고 있습니다.

　아직 겨울은 쉽게 떠나려 하지 않고 있지만 곧 따뜻한 봄날은 반드시 올 것입니다. 그것은 당신에게도 마찬가지입니다.

절대절망 절대희망

상선이었을까요? 아니면 고기잡이배였을까요? 그것도 아니라면 유람선이었을까요? 어떤 배라도 이 그림의 순간을 예감했었다면 항구를 떠나지 않았겠지요.

날씨는 좋았을 겁니다. 그러나 지금은 생존한 사람 몇 명만 돛대를 붙잡고 필사적인 생명을 건 싸움을 하고 있습니다.

고대 그리스 선원들은 세 번째로 밀려오는 파도가 가장 무섭다고 했고, 고대 로마의 항해자들은 열 번째 밀려오는 파도를 재앙이라고 불렀다고 하지만, 대부분의 선원들에게 실제 공포를 가져다준 것은 9번째 파도였다고 합니다. 그래서 이 그림의 제목이 '9번째 파도'입니다.

맹렬한 폭풍우 앞에 모두는 겁에 질려 있습니다. 그들에겐 힘이 전혀 남아 있지 않습니다. 그런데 또 다른 거대한 파도의 물결이 그들을 향해 다가오고 있습니다. 이번 파도에는 누가 사라지고 누가 살아남을까요?

아무도 도울 수 없고 어디로부터도 희망이 보이지 않는 무기력한 상황입니다. 그런 상황 속에 빨간 천을 흔들며 도움을 청하고 있는 사람이 있습니다. 그의 이러한 모습은 참으로 무의미해 보이는 것 같은데 그의 간절함이 통했던 것일까요? 태양이 솟아올랐고 그 태양의 광선이 절대절망의 상황 속에 절대 희망으로 다가오고 있습니다.

　바다는 우리에게 참 낭만적입니다. 그리고 우리에게 수평선 너머의 세계를 꿈꾸게 합니다. 그래서 사람들은 바다를 좋아합니다. 그러나 아이바좁스키(Иван Айвазовский)는 많은 바다에 관한 작품을 그리면서 그 바다 앞에 우리 인간의 무기력함과 무능함 그리고 그 절대절망의 상황에서 구원받을 수 있는 유일한 길은 오직 예수 그리스도뿐임을 말하고 싶어 했습니다. 제가 이렇게 생각하는 것은 아이바좁스키가 1863년, 1878년, 1888년, 1890년, 1897년, '물위를 걷는 예수(Хождение по водам)'라는 제목의 작품과 또 다른 여러 가지 작품 속에서 베드로와 제자들을 풍랑에서 구원해 주는 작품을 여러 번 그렸기 때문입니다.

예수 그리스도 그분은 당신의 절대절망의 상황 속에 절대희망을 가져다주실 유일한 분이십니다.

러시아의 모나리자

안개가 낮게 깔려 있는 차가운 도시의 한복판에 마차를 타고 세련된 한 여인이 나타났습니다. 여인은 의자에 등을 기대고 도도한 모습으로 주변을 내려다보고 있습니다.

우아한 깃털이 달린 모자,
리본으로 장식된 머플러와 모피 코트,
그리고 얇은 장갑….

반쯤 뜬 눈,
동그란 턱,
탄력 있는 뺨,
붉은 입술….

어디를 보아도 조금의 빈틈이 보이지 않지만, 젖어 있는 검은 눈은 이 여인에게서 어딘지 모를 슬픔이 느껴집니다.

이 그림이 '러시아의 모나리자'라고 불리는 것도 바로 이 당당함과 슬픔을 가진 눈 때문이라고들 합니다.

Я вас любил

Пушкин

Я вас любил: любовь еще, быть может,

В душе моей угасла не совсем;

Но пусть она вас больше не тревожит;

Я не хочу печалить вас ничем.

Я вас любил безмолвно, безнадежно,

То робостью, то ревностью томим;

Я вас любил так искренно, так нежно,

Как дай вам Бог любимой быть другим.

1829.

나는 당신을 사랑했습니다

푸시킨

나는 당신을 사랑했습니다.
어쩌면 나의 영혼 속에서 당신을 향한 사랑은 아직 완전히
꺼지지는 않았습니다.

하지만 나의 사랑으로 인해 당신을 더 이상 괴롭히지는 않
을 겁니다.
나는 당신을 무엇으로든 슬프게 하고 싶지 않기 때문입니다.

당신에게 말도 못 걸어 보고, 나의 사랑이 이루어질 거라는
희망도 없으면서 혼자만 소심하게 질투하고 괴로워해가며
당신을 사랑했습니다.

하나님께서 당신에게 다른 사랑을 주시라고 내가 이렇게 기
도하고 있듯이 진심으로, 부드럽게, 나는 당신을 사랑했습니
다. (명광현 譯)

영원한 안식

길은 언제 어디서부터 시작이 됐을까요? 이젠 더 이상 갈 곳이 없습니다. 앞은 가파른 절벽입니다. 강물은 잔물결을 일으키며 장엄하고 무시무시한 고요함으로 끝없이 흘러가고 있습니다.

짧은 육지의 모습에서 우리의 이 땅에서의 삶은 시작도 모르고 끝도 모르는 영원이라는 시간에 비하면 아주 짧은 시간임을 보여 주고 있습니다.

우리 모두는 강풍에 흔들리다가 어느 날 묘지에 묻히게 될 것입니다. 그러나 절벽 앞의 우뚝 서 있는 교회는, 신앙인들의 미래는 하나님과 함께 영원한 삶을 살게 될 것이라고 말해 주고 있습니다.

나는 누구인가, 어디서 왔다가, 무엇을 하다가, 어디로 가는가?
나는 육신은 부모로부터 왔고, 영은 하나님으로부터 왔다가,
먹든지, 마시든지, 무엇을 하든지 하나님의 영광을 위하여 살다가, 하나님 아버지가 계신 본향(本鄕)으로 가는 존재입니다.

레비탄(Исаак Левитан)은 이 작품을 통해서 "오직 믿음만이 우리에게 영원한 안식을 가져다준다."라고 말을 하고 있습니다.

이날 이후

엄마가 이젠 앞에 설 수밖에 없습니다. 어느 만큼인지를 알 수가 없지만 처져 있는 어깨를 보면 슬픔의 무게를 조금이라도 짐작할 수가 있습니다.

그동안 맑았던 하늘이 낮은 먹구름으로 내려오는 것을 보니 앞으로 다가올 삶의 무게를 말하는 것 같습니다. 눈 덮인 거리와 어두워진 숲은 너무 춥고 황량해 보입니다. 너무 애처롭고 쓸쓸한 모습입니다.

"차라리 혼자가 나을 뻔했다고 생각했던 적도 있었습니다. 어느 날 남편이 사람을 알아보지도 못할 정도로 술을 마시고 추태를 부렸을 때는 말입니다. 이제 보니 그가 '참 무거운 짐을 지고 힘겨워하고 있었구나' 하는 생각이 듭니다. 막막합니다. 캄캄합니다. 아무 생각이 나지 않습니다. 아이들을 위해서라도 힘을 내야 하겠지만 자신이 없습니다."

"엄마는 날씨가 춥다고 아들인 내게 아버지의 가죽 잠바와 모자를 씌워 주고 입혀 주었습니다. 제가 아버지의 옷을 입은 것처럼 이젠 아버지의 역할을 제가 감당해 나가야 할 겁니다. 하지만 너무 커다란 옷처럼 아직 어린 내게는 앞으로 감당해야 할 무게가 너무 무겁게 느껴집니다."

"이 안에 아빠가 있어요. 아직 믿기지가 않아요. 이 안에 계신 아빠의 온기를 다시 느껴 보고 싶어요. 그리고 차가워진 아빠를 조금이라도 따뜻하게 덮어 주고 싶어요."

어린 딸은 아빠를 꼭 안고 있습니다.

관 뚜껑 아래에서 삐져나온 아빠의 수의 조각에서 가족을 두고 먼저 떠나가는 미안함과 사랑의 표현이 무언의 손길로 다가옵니다.

모두가 말이 없는데 강아지만 대신 크게 울어 주고 있습니다.

사랑의 힘

　신발도 신지 못한 가난한 시골 마을의 소녀가 동생과 함께 숲에서 버섯을 따다 곧 비가 내리칠 것을 예감하고 동생의 손을 붙잡고 집으로 가려고 서둘렀습니다.

　하지만 금방 하늘이 어두워지더니 구름이 태양을 삼켜 버렸습니다. 그 순간 번개가 번쩍이더니 이어서 천둥이 치기 시작합니다. 그리고 바람이 점점 세차게 불어오기 시작합니다.

　소녀의 심장은 두려움에 쿵쾅거립니다. 하지만 겁에 질려 있는 동생을 보니 여유가 없습니다. 소녀는 걸음이 늦은 동생을 업고서 달리기 시작합니다.

　비가 내립니다. 바람이 점점 거세지자 들판의 풀과 꽃 그리고 호밀밭의 밀들도 바람에 꺾이지 않으려 땅으로 최대한 구부립니다.

　소녀의 머리카락도 바람에 펄럭이고, 맨다리의 동생은 누나의 목을 꼭 감싸 안습니다.

달리던 소녀도 겁에 질린 채 뒤를 돌아봅니다. 바람은 점점 거세지고, 사방이 점점 어두워져 갑니다. 소녀의 동생을 감싼 팔과 다리에 점점 힘이 빠집니다. 하지만 소녀는 동생을 놓을 수 없습니다.

드디어 외나무다리까지 온 걸 보니 마을 가까이 왔습니다. 그날 소녀는 동생과 비를 맞지 않고 집으로 잘 돌아갔겠지요?

유혹

　집은 어둡고 컴컴하며 지하에 있습니다. 밖으로 나 있는 하나뿐인 창에서 한낮의 햇볕을 비춰 주지만 햇볕은 거의 들어오지 않습니다. 낡힌 마루, 오래된 서랍장….

　침대 위에는 하얀 스카프를 두르고 하얀 옷을 입은 창백한 할머니가 누워 있습니다. 한낮임에도 고요히 눈을 감고 있는 것을 보니 노환으로 기력이 다한 듯해 보입니다.

　임종이 언제라도 찾아올 수 있기에 중앙에 서 있는 소녀는 할머니의 곁을 한순간도 떠날 수 없는 것 같습니다. 무엇이라도 해야 돈을 벌 수 있기에 자수를 놓고는 있지만 거기서 나오는 몇 푼은 할머니의 약값만으로도 턱없이 부족합니다.

　노크 소리에 문을 열어 보니 자색의 드레스와 숄 그리고 레이스 모자를 쓴 노파가 들어옵니다. 한껏 차려입기는 했지만 어딘지 모르게 천한 티가 나는 노파였습니다. 노파는 교활한 미소를 지으며 소녀에게 보석으로 장식된 금팔찌를 건네며 문밖에서 거의 보이지 않는 콧수염을 기른 남자와 밤을 보내라고 제안을 합니다.

소녀는 젊고 아름답습니다. 값비싼 팔찌는 분명 이 소녀의 가난한 가정이 어려움을 벗어나는 데, 그리고 할머니의 약값을 마련하는 데 큰 도움이 될 것입니다. 그래서 이 노파의 제안은 소녀에게 아주 달콤합니다.

그러나 소녀의 전체적인 포즈는 조금의 망설임도 없이 분명히 거절하고 있습니다. 움츠린 몸으로 한 손으로 노파를 밀어내고, 다른 한 손으로는 그녀의 끔찍한 제안을 거절합니다. 세상의 어떤 보물로 유혹을 한다 해도 그럴 수 없다는 표정입니다.

오늘 우리가 살고 있는 이 시대에 돈만큼 영향력이 큰 것은 없는 것 같습니다. 돈으로 모든 것을 사고, 돈으로 안 되는 것도 되게 만드는 것을 우리는 봅니다. 그러나 이 작품이 걸작으로 꼽히는 이유는 '아주 어려운 삶 속에서도 어려운 도덕적 선택'을 하고 있는 모습 때문일 거라고 생각합니다.

오른쪽 하단 모서리에서 서랍장 밑에 있는 생쥐를 노리고 있는
고양이의 준비된 자세가 이 그림의 내용을 우화적으로 표현을 하
고 있습니다.

품위가 항상 이긴다

새로 이사 온 가족들이 함께 모여 차와 베이글로 간식을 나누고 있습니다. 급매로 나온 정말 좋은 집을 구했습니다. 이전의 집주인은 얼마나 급했었는지 살림살이를 모두 두고, 아주 저렴한 값에 이 집을 처분하고 이사를 했습니다.

노동자 혹은 농부로 보이는 아버지는 얼굴이 햇볕에 검게 그을려 아내의 나이보다 훨씬 더 들어 보입니다. 그동안 새벽부터 밤늦게까지 열심히 일했고 그래서 이렇게 좋은 집으로 이사할 수 있었습니다.

정말 운이 좋게 이 집을 구입하여 이 집의 새로운 주인이 되었지만, 가족 모두의 시선과 행동, 그리고 조화롭지 못한 옷차림을 보면 아직 새로운 집의 환경과 문화에 익숙하지 않아 다소 어색함이 보이는 것도 사실입니다.

그러나 분명한 것은 이제부터는 이들이 이 새집의 주인이고, 이들은 이 새집에 맞도록 나를 변화시켜 갈 뿐 아니라 이 새로운 환경에 변화를 주어 가면서 적응해 가겠지요.

적응을 한다는 것은 일방적으로 환경에 내가 맞추어 가는 수동적인 자세만이 아니라 능동적으로 나에게 맞도록 환경을 변화시키는 것이기도 하니까요. 그래서 모든 것은 다 변해 가고 다 적응이 됩니다.

우리나라에도 신분제 사회가 있었을 때 양반과 평민과 노비가 있었던 것처럼, 러시아 역시 극소수의 귀족과 자유민이었던 농민과 90% 이상의 농노들이 있었습니다. 그리고 우리나라가 갑오개혁과 갑신정변으로 신분제가 철폐가 된 것처럼, 러시아 역시 19세기 중반 알렉산드르 2세에 의해 '농노해방령'이 공포됩니다. 그로 인해 그동안 농노들에게 농사일을 다 맡기고 소작료를 받아 오면서 사치스럽게 사는 것에만 익숙해 있었던 귀족들은 자신들의 땅에서 스스로 농사를 짓든지 아니면 땅과 집을 헐값에 팔고 도시로 이사를 해야만 했습니다. 이 작품은 그러한 배경을 가지고 그려졌습니다.

러시아
명화 속의
니의 모습

갈등

더 이상 피할 곳이 없습니다. 언젠가 한번은 이 순간이 올 것을 알았습니다. 한바탕 태풍이 지나간 후 방 안에는 팽팽한 침묵이 흐르고 있습니다.

아버지의 결정에 반대하며 자신의 뜻을 굽히고 싶지 않은 아들은, 완고한 아버지 앞에 더 이상 서 있을 자신이 없는지 테이블에 기대어 고개를 못 들고 바닥을 바라보고만 있습니다.

앉아 있는 아버지는 러시아 개혁의 대명사 표트르 황제입니다. 그리고 서 있는 아들은 표트르 황제의 장남 알렉세이입니다. 아버지는 러시아의 미래는 근대화에 있기에 유럽식 모델의 개혁이 필요하다고 판단했습니다. 그러나 아들 알렉세이는 개혁보다는 러시아의 옛것에 더 많은 관심이 있었습니다.

개혁 세력과 보수 세력의 힘겨루기에서 승리를 한 개혁 세력의 사람들에 의해 아들 알렉세이는 사형을 선고받게 됩니다. 사형 집행을 앞두고 아버지 표트르 황제는 희망의 끈을 놓지 않고 아들 알렉세이를 회유하기 위해 만남을 갖습니다.

바닥에까지 닿은 한 귀퉁이의 식탁보가 아버지와 아들을 가르고 있습니다. 바닥은 운명의 한판 승부가 펼쳐지는 체스판과 같습니다. 이 승부는 서로에게 비극적인 결말을 맺게 될 것입니다. 피의 빨간색과 죽음의 검은색의 식탁보가 이 사실을 증명합니다.

방 안은 침묵이 가득합니다. 그러나 둘 사이의 대화는 침묵 속에서 계속되고 있습니다. 아버지는 자신의 주장을 굽히지 않은 채 아들이 지금이라도 돌이켜 주기를 바라고 있습니다. 둘이 하나가 되는 방법은 없는 걸까요?

풍족하지 않아도 평화로운 일상

화창한 어느 여름, 융단처럼 펼쳐진 푸른 잔디 위로 따사로운 태양이 비추고 있습니다. 아이들은 어제와 마찬가지로 평화로운 일상을 즐깁니다. 부드러운 풀과 꽃, 따사로운 태양이 아이들을 더 여유롭게 하고 있습니다.

이제 막 사춘기에 접어든 소녀는 꽃을 따서 잎을 살펴보고 있고, 이 소녀의 동생인 듯한 아기는 자기에게 무관심한 누나가 야속해서 주먹을 꽉 쥔 채 울고 있습니다. 아기의 울음소리는 들리지도 않은 듯 다른 두 아이는 고양이와 노는 데 열심입니다.

저 멀리 헛간 옆에는 물이 가득 찬 양동이를 손에 든 젊은 농부의 아내가 버거운 듯 균형을 유지하기 위해 팔을 뻗고 힘겹게 걷고 있습니다.

우물 옆에는 모이를 찾아 돌아다니고 있는 닭들도 보입니다. 마차를 매단 말은 평화롭게 풀을 뜯어 먹으며 주인을 기다리고 있습니다. 따닥개비가 따다닥따다닥하며 여기저기서 가끔씩 날아다니고 있습니다.

따사로운 햇볕이 교회 종탑 위로 내리쬐고 있고 교회는 그 빛을 세상에 비추고 있습니다. 그리고 세상의 그림자는 점차 사라지고 있습니다. 마당이 점차 활기를 띠고 있습니다.

무질서하게 자라는 나무가 보이지만 이 단순 소박하며 평화로운 분위기에는 전혀 방해가 되지 않습니다. 인터넷도 없고, 핸드폰도 없는, 서두름도 보이지 않는 약간 게으른 삶의 흐름이 펼쳐지는 아름다움과 평화로움이 있는 삶의 모습입니다.

함께 걷는 길이 행복합니다

　곧 추수가 시작될 무더운 늦여름 밀밭의 풍경입니다. 끝없이 펼쳐진 황금빛 들판에 무성한 풀로 만들어진 구불구불한 길이 밀밭 사이로 보이다가 숨어 버렸습니다.

　소나무의 가지는 세월의 무게에 눌린 듯 구부러졌습니다. 하늘에서는 따뜻한 여름날을 즐기는 춤추는 참새들을 볼 수 있습니다.

　하늘은 맑고 바람도 거의 없습니다. 저 멀리로 약간의 물기를 머금은 구름이 보입니다. 아마 뜨거운 한낮의 더위를 식혀 줄 소나기를 한바탕 내려 줄 것 같습니다.

　어릴 적, 제가 다니던 초등학교는 마을에서 1시간 이상 걸어야 했습니다. 학교를 가는 길은 논길과 산길, 그리고 기차가 다니지 않는 철길을 따라 걷고, 또 몇 개의 마을을 지나야 했습니다. 초등학생에게 1시간 이상 걸어야 하는 거리는 꽤 멀기도 했지만 친구들과 함께 오가는 길에는 많은 즐거움이 있었습니다. 그러다가 선생님의 종례가 늦어지거나, 청소를 하느라 집에 혼자 오게 될 때에 그 거리는, 평소보다 몇 배나 더 멀고 지루했던 기억이 있습니다.

이 그림 속에서는 다행스럽게도 그 먼 길을 함께 걸어오는 사람들이 보입니다. 아마도 그들은 호밀밭 사이를 지루하거나 외롭지 않게, 함께 웃기도 하고 노래도 부르며 즐겁게 걸어오는 것 같습니다. 함께 걷는 길이 행복합니다….

러시아
명화 속의
나의 모습

부록

— Иван Николаевич Крамской, 《Христос в пустыне》, 1872.

— Николай Александрович Ярошенко, 《Всюду жизнь》, 1888.

— Виктор Васнецов, 《Витязь на распутье》, 1882.

— Василий Максимович Максимов, 《Всё в прошлом》, 1889.

— Николай Касаткин, 《Рабочая семья(Что его ждет?)》, 1891.

— Михаил Нестеров, 《Павел Флоренский и Сергей Булгако
в》, 1917.

— Николай Касаткин, 《Соперницы》, 1890 год.

— Иван Николаевич Крамской, 《Иродиада》, 1884—1886.

— Николая Николаевича Ге, 《Что есть истина?(Христос и П
илат)》, 1890.

— Илья Репин, 《Запорожцы пишут письмо турецкому султа
ну》, 1880-1891.

— Илья Репин, 《Не ждали》, 1884—1888.

— Иван Иванович Шишкин, К. А. Савицкий, 《Утро в сос новом
лесу》, 1889.

— Василий Пукирев, 《Неравный брак》, 1862.

— Иван Крамской, 《Неизвестная》, 1883.

— Василий Перов, 《Охотники на привале》, 1871.

— Иван Иванович Шишкин, 《Пасека в лесу》, 1876.

— Василий Поленов, 《Христос и грешница(Кто без греха?)》,
1888.

— Василий Григорьевич Перов, «Старики—родители на могиле сына», 1874.

— Василий Григорьевич Перов, «Проводы покойника», 1865.

— Исаак Левитан, «Над вечным покоем», 1894.

— Алексей Саврасов, «Грачи прилетели», 1871.

— Иван Айвазовский, «Девятый вал», 1850.

— Василий Поленов, «Московский дворик», 1878.

— Николай Ге, «Пётр I допрашивает царевича Алексея Петровича в Петергофе», 1871.

— Константин Егорович Маковский, «Дети, бегущие от грозы», 1872.

— Николай Густавович Шильдер, «Искушение», 1857.

— Шишкин Иван Иванович, «Рожь», 1878.

— Богданов—Бельский, «Новые хозяева. Чаепитие», 1913.

러시아
명화 속의 나의 모습

ⓒ 명광현, 2023

초판 1쇄 발행 2023년 12월 21일

지은이   명광현
펴낸이   이기봉
편집   좋은땅 편집팀
펴낸곳   도서출판 좋은땅
주소   서울특별시 마포구 양화로12길 26 지월드빌딩 (서교동 395-7)
전화   02)374-8616~7
팩스   02)374-8614
이메일   gworldbook@naver.com
홈페이지   www.g-world.co.kr

ISBN   979-11-388-2612-9 (03230)